AF188370

Impressum
Verlag: BABADADA GmbH, Nedderfeld 112 , 22529 Hamburg
Geschäftsführer / Verlagsleitung: Harald Hof
Druck: Books on Demand GmbH, In de Tarpen 42, 22848 Norderstedt

Imprint
Publisher: BABADADA GmbH, Nedderfeld 112 , 22529 Hamburg, Germany
Managing Director / Publishing direction: Harald Hof
Print: Books on Demand GmbH, In de Tarpen 42, 22848 Norderstedt

escola

escola

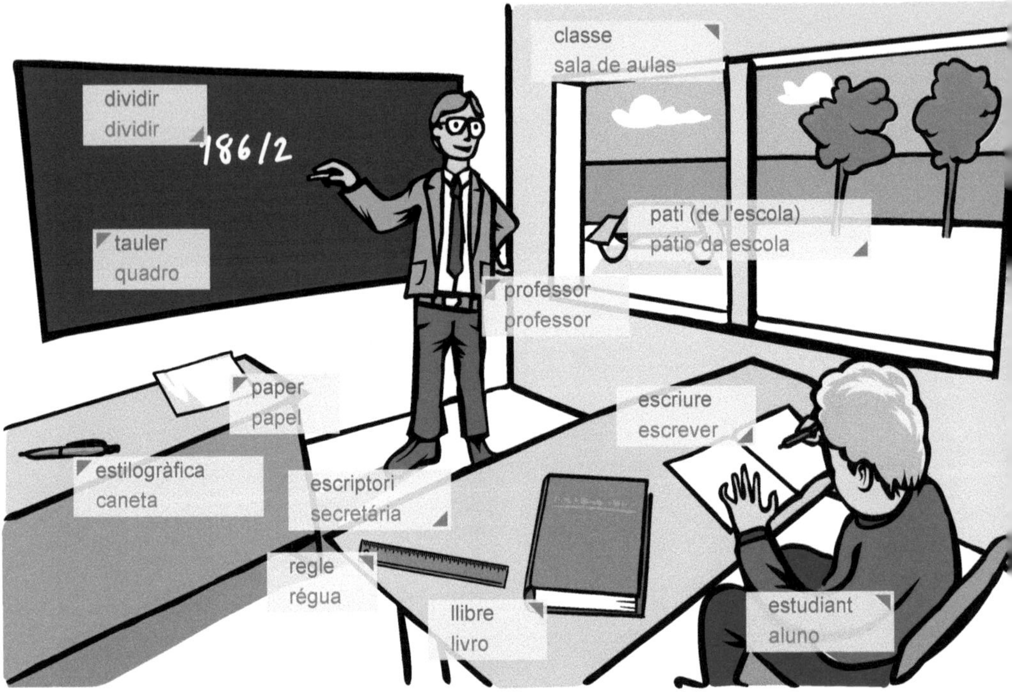
classe
sala de aulas
dividir
dividir
186/2
tauler
quadro
pati (de l'escola)
pátio da escola
professor
professor
paper
papel
escriure
escrever
estilogràfica
caneta
escriptori
secretária
regle
régua
llibre
livro
estudiant
aluno

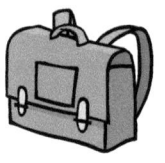

bossa

mochila

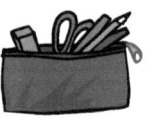

estoig

estojo de lápis

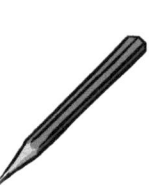

llapis

lápis

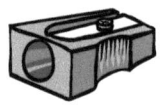

maquineta de fer punta

afia-lápis

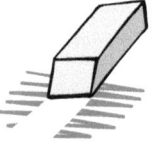

goma

borracha

bloc de dibuix

bloco de desenho

dibuix

desenho

pinzell

pincel

capsa de pintures

caixa de tintes

tisores

tesoura

cola

cola

quadern d'exercicis

livro de exercícios

deures

trabalhos de casa

nombre

número

afegir

somar

sostreure

subtrair

multiplicar

multiplicar

calcular

calcular

lletra

letra

alfabet

alfabeto

mot

palavra

text
texto

llegir
ler

guix
giz

lliçó
hora

llibre de classe
registo de presenças

examen
exame

certificat
certificado

uniforme escolar
uniforme escolar

formació
educação

enciclopèdia
enciclopédia

universitat
universidade

microscopi
microscópio

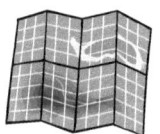

mapa
mapa

paperera
cesto de lixo

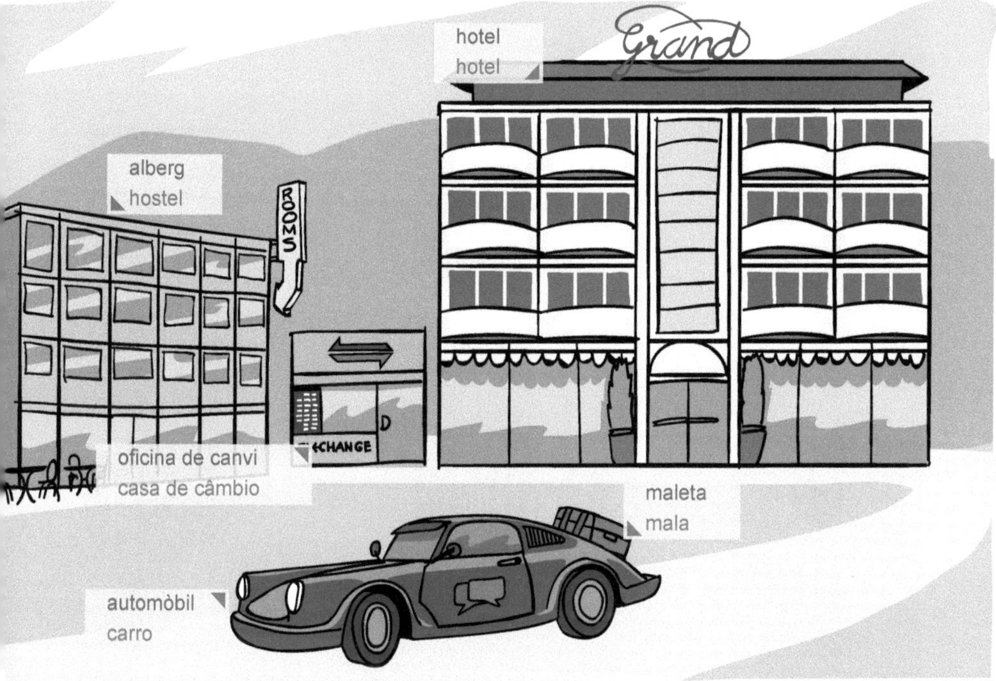

hotel
hotel
Grand
alberg
hostel
ROOMS
EXCHANGE
oficina de canvi
casa de câmbio
maleta
mala
automòbil
carro

llengua

idioma

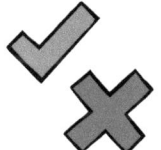

sí / no

sim / não

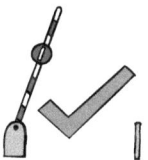

D'acord

ok / certo / correto

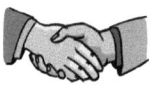

Ey!

olá

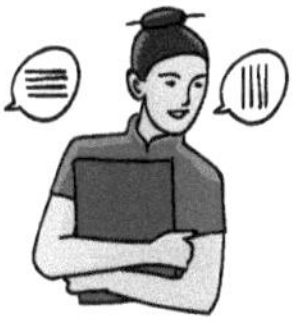

traductora

intérprete

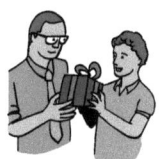

gràcies

obrigado

Quant costa... ?

quanto é que custa... ?

No entenc

não entendo

problema

problema

Bona nit!

boa noite!

bon dia!

Bom dia!

bona nit!

Boa noite!

fins aviat

adeus

direcció

direção

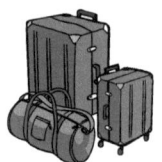

bagatge

bagagem

bossa

saco

sarrona

mochila

convidat

convidado

cambra

quarto

sac de dormir

saco-cama

tenda

tenda

viatge - viagem

oficina de turisme

informação turística

platja

praia

carta de crèdit

cartão de crédito

esmorzar

pequeno-almoço

dinar

almoço

sopar

jantar

bitllet

bilhete

ascensor

elevador

segell

selo postal

frontera

fronteira

duana

alfândega

ambaixada

embaixada

visat

visto

passaport

passaporte

transport
transporte

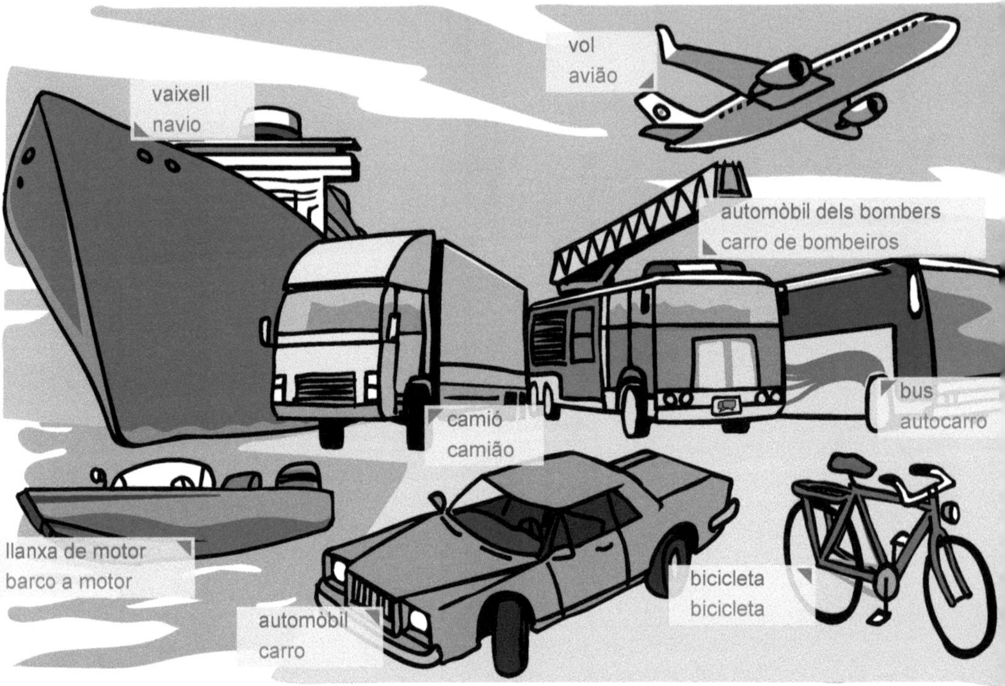
vol
avião
vaixell
navio
automòbil dels bombers
carro de bombeiros
bus
autocarro
camió
camião
llanxa de motor
barco a motor
bicicleta
bicicleta
automòbil
carro

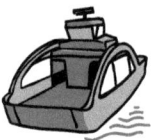

transbordador
cacilheiro

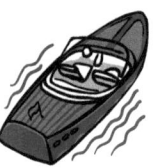

barca
barco

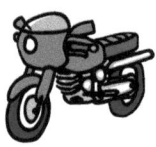

moto
mota

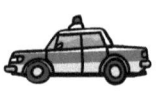

automòbil de policia
carro de polícia

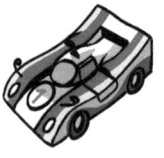

automòbil de curses
carro de corrida

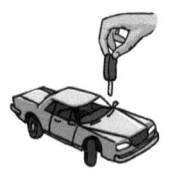

automòbil de lloguer
carro alugado

vehicle compartit

carsharing

grua

camião de reboque

camió de les escombraries

camião do lixo

motor

motor

benzina

combustível

benzineria

estação de serviço

senyal de trànsit

sinal de trânsito

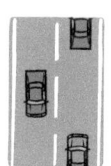

trànsit

trânsito

embús

congestionamento de trânsito

aparcament

arque de estacionamento

estació de trens

estação ferroviária

vies

carris

tren

comboio

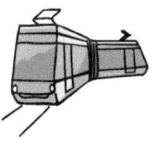

tramvia

elétrico

vagó

carruagem

transport - transporte   9

helicòpter

helicóptero

aeroport

aeroporto

torre

torre

passatger

passageiro

contenidor

contentor

capsa de cartó

caixa de papelão

carretó

carrinho

cistella

cesto

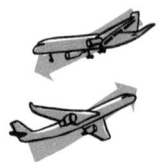

enlairar-se / aterrar

levantar voo / aterrar

ciutat
cidade

poble

aldeia

centre de la ciutat

centro da cidade

casa

casa

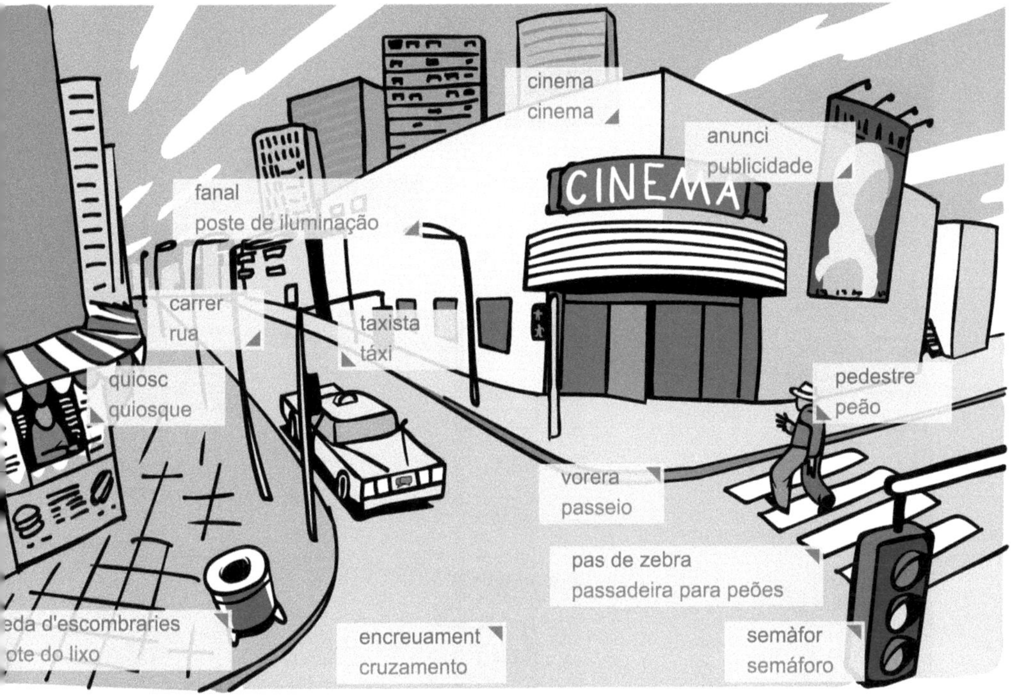

cinema
cinema

anunci
publicidade

CINEMA

fanal
poste de iluminação

carrer
rua

taxista
táxi

pedestre
peão

quiosc
quiosque

vorera
passeio

pas de zebra
passadeira para peões

eda d'escombraries
ote do lixo

encreuament
cruzamento

semàfor
semáforo

cabana
cabana

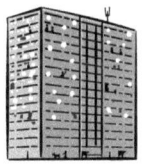

apartament
apartamento

estació de trens
estação ferroviária

casa de la vila-ciutat
câmara municipal

museu
museu

escola
escola

ciutat - cidade

universitat

universidade

banca

banco

hospital

hospital

hotel

hotel

farmàcia

farmácia

oficina

escritório

llibreria

livraria

botiga

loja

floristeria

florista

supermercat

supermercado

mercat

mercado

gran magatzem

loja de departamentos

peixateria

peixaria

centre comercial

centro comercial

port

porto

12

ciutat - cidade

parc
parque

banc
banco

pont
ponte

escala
escadas

metro
metro

túnel
túnel

parada d'autobús
paragem de autocarro

bar
bar

restaurant
restaurante

bústia de correu
caixa de correio

senyal indicador
sinal de trânsito

parquímetre
parquímetro

zoo
jardim zoológico

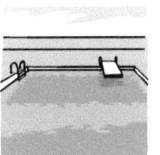

piscina
piscina

mesquita
mesquita

granja
....
quinta

pol·lució
....
poluição

cementiri
....
cemitério

església
....
igreja

parc infantil
....
parque infantil

temple
....
templo

paisatge

paisagem

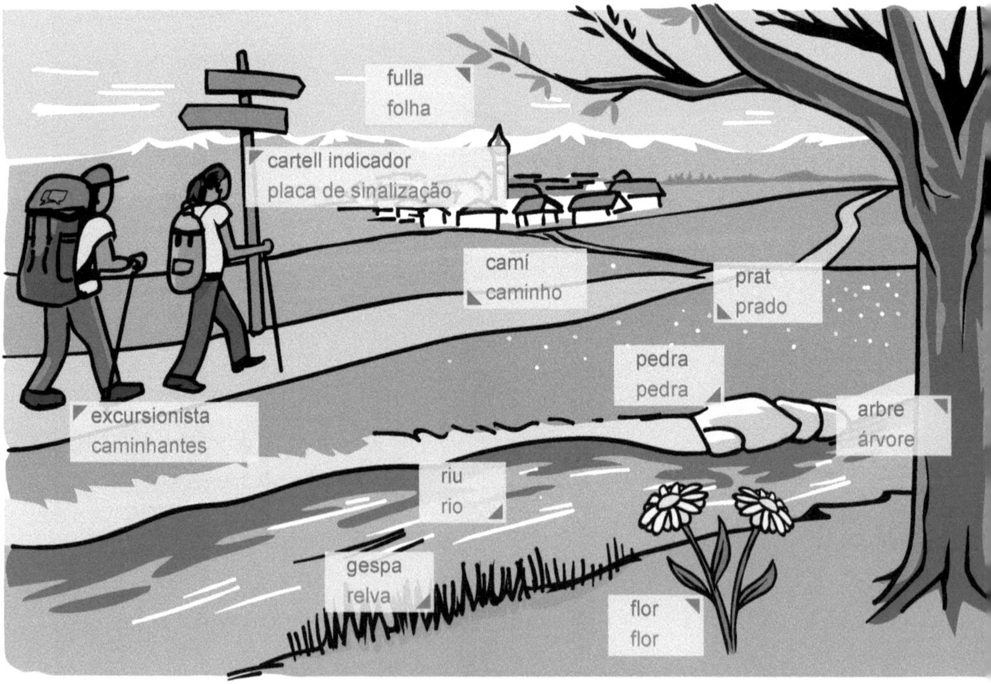

fulla
folha

cartell indicador
placa de sinalização

camí
caminho

prat
prado

pedra
pedra

excursionista
caminhantes

arbre
árvore

riu
rio

gespa
relva

flor
flor

vall
vale

muntanya
montanha

llac
lago

bosc
floresta

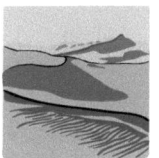

desert
deserto

volcà
vulcão

castell
castelo

arc de Sant Martí
arco-íris

bolet
cogumelo

palmera
palma

moscard
mosquito

mosca
mosca

formiga
formiga

abella
abelha

aranya
aranha

escarabat

besouro

granota

sapo

esquirol

esquilo

eriçó

ouriço

llebre

lebre

òliba

coruja

ocell

pássaro

cigne

cisne

senglar

javali

cervo

veado

ant

alce

presa

barragem

turbina

turbina eólica

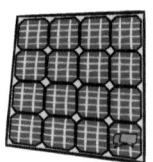

panell solar

painel solar

clima

clima

restaurant
restaurante

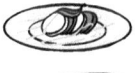

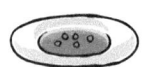

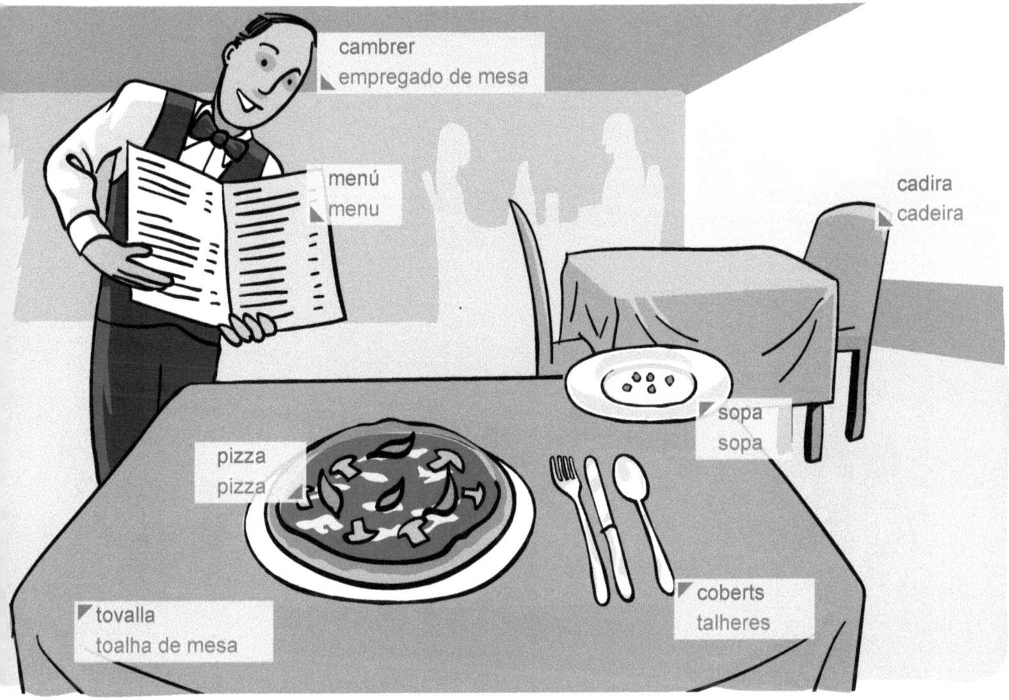

cambrer
empregado de mesa
menú
menu
cadira
cadeira
sopa
sopa
pizza
pizza
coberts
talheres
tovalla
toalha de mesa

primer plat

entrada

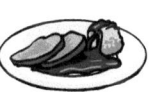

plat principal

prato principal

darreries

sobremesa

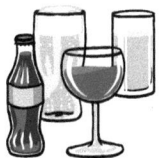

begudes

bebidas

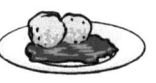

menjar

comida

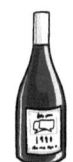

ampolla

garrafa

menjar ràpid

fast food

menjar de carrer

comida de rua

tetera

bule de chá

sucrer

açucareiro

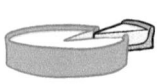

porció

porção

màquina d'espresso

máquina de café expresso

trona

cadeira alta

factura

conta

plata

bandeja

ganivet

faca

forqueta

garfo

cullera

colher

cullereta

colher de chá

tovalló

guardanapo

got

copo

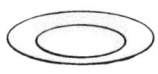

plat
prato

plat de sopa
prato de sopa

plateret
pires

salsa
molho

saler
saleiro

molinet de pebre
moinho de pimenta

vinagre
vinagre

oli
óleo

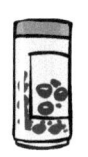

espècies
especiarias

quètxup
ketchup

mostassa
mostarda

maionesa
maionese

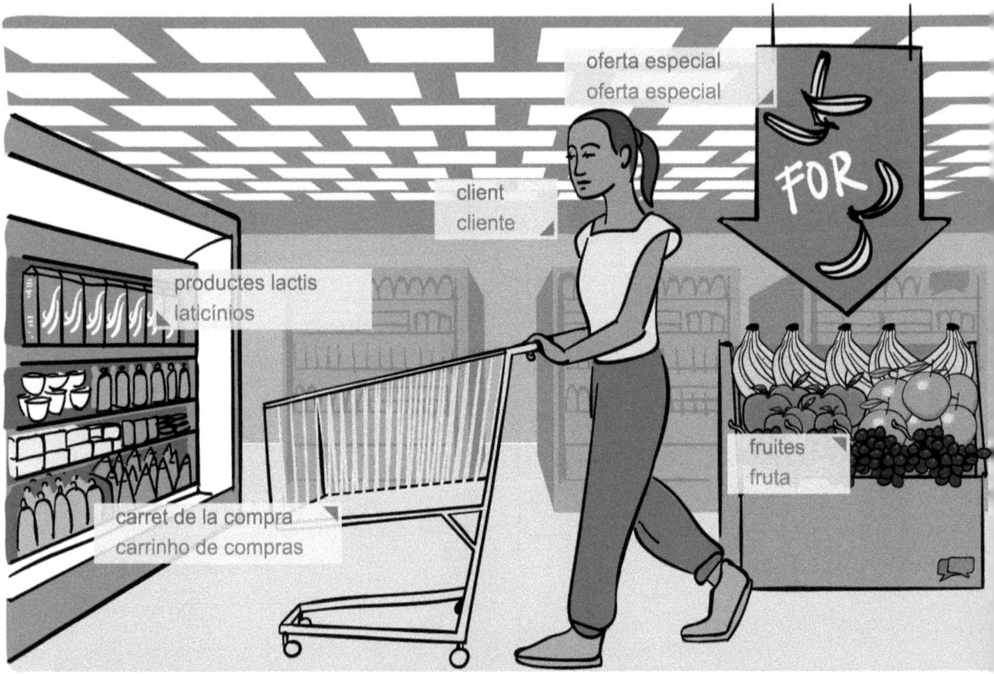

oferta especial
oferta especial

client
cliente

productes lactis
laticínios

fruites
fruta

carret de la compra
carrinho de compras

carnisseria	forn de pa	pesar
talho	padaria	pesar
	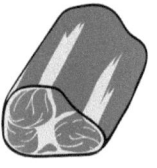	
verdures	carn	menjar congelat
vegetais	carne	alimentos congelados

carn freda
charcutaria

conserves
comida enlatada

detergent en pols
detergente em pó

dolços
doces

articles domèstics
artigos domésticos

productes de neteja
produtos de limpeza

venedora
vendedora

caixa registradora
caixa

caixera
caixa

llista de la compra
lista de compras

horari d'obertura
horário de funcionamento

portamonedes
carteira

carta de crèdit
cartão de crédito

bossa
saco

bossa de plàstic
saco de plástico

aigua

água

suc

sumo

llet

leite

coca-cola

coca-cola

vi

vinho

cervesa

cerveja

alcohol

álcool

cacau

cacau

te

chá

cafè

café

espresso

café expresso

cappuccino

capuccino

banana

banana

poma

maçã

taronja

laranja

síndria

melão

llimona

limão

pastanaga

cenoura

all

alho

bambú

bambu

ceba

cebola

bolet

cogumelo

avellanes

nozes

fideus

talharim

espaguetis

esparguete

arròs

arroz

amanida

salada

patates fregides

batatas fritas

patates fregides

batatas fritas

pizza

pizza

hamburguesa

hambúrguer

entrepà

sanduíche

escalopa

bife panado

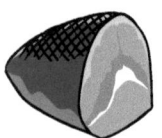

cuixot

fiambre

salami

salame

salsitxa

salsicha

pollastre

galinha

rostit

assado

peix

peixe

flocs de civada

flocos de aveia

musli

muesli

cereals

flocos de milho

farina

farinha

croissant

croissant

panet

carcaça (pãozinho)

pa

pão

torrada

torrada

bescuits

biscoitos

mantega

manteiga

mató

requeijão

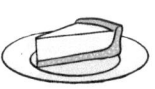

pastís

bolo

ou

ovo

ou fregit

ovo estrelado

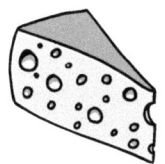

formatge

queijo

gelat
....
gelado

sucre
....
açúcar

mel
....
mel

melmelada
....
compota

crema de xocolata
....
creme de nougat

curri
....
caril

granja
quinta

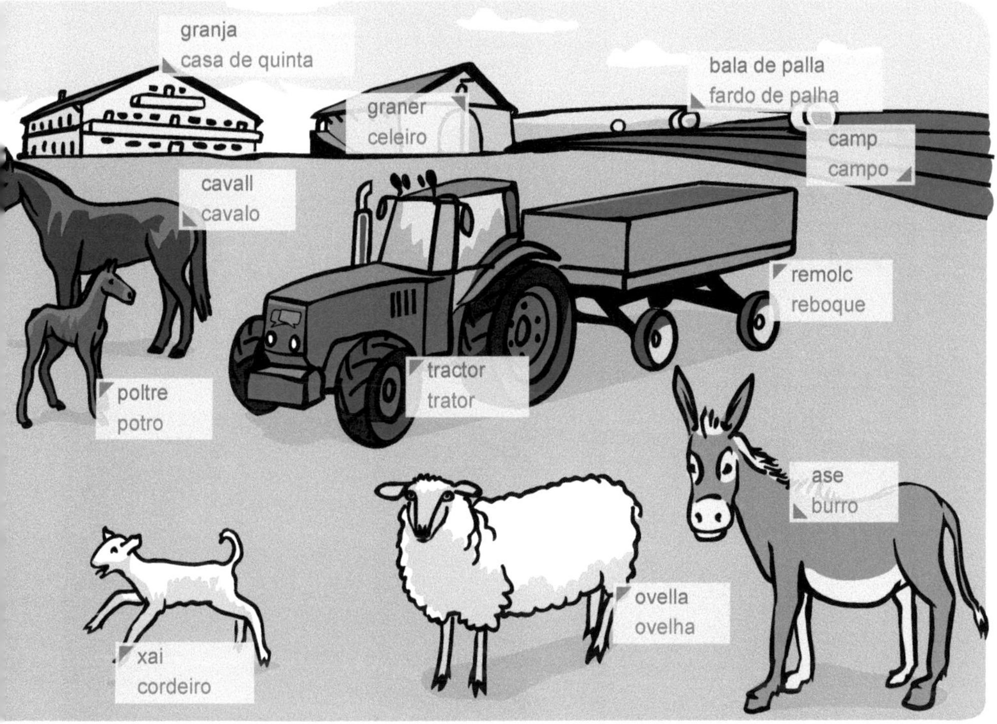
granja
casa de quinta
bala de palla
fardo de palha
graner
celeiro
camp
campo
cavall
cavalo
remolc
reboque
tractor
trator
poltre
potro
ase
burro
ovella
ovelha
xai
cordeiro

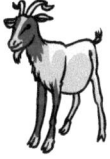

cabra

cabra

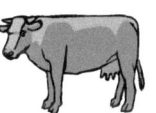

vaca

vaca

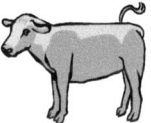

vedella

bezerro

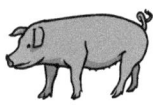

porc

porco

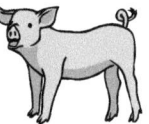

garrí

leitão

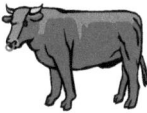

bou

touro

oca

ganso

ànec

pato

poll

pintaínho

gall

galinha

gallina

galo

rata

ratazana

gat

gato

ratolí

rato

bou

boi

gos

cão

gossera

casota

mànega de regar

mangueira de jardim

regadora

regador

dalla

foice

arada

arado

falç
foice

aixada
enxada

forca
forquilha

destral
machado

carretó
carrinho de mão

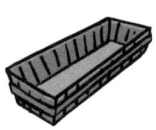

abeurador
manjedoura

lletera
jarro de leite

sac
saco

tanca
cerca

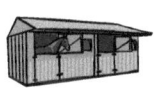

establa
estábulo

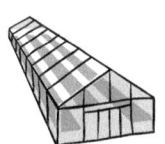

hivernacle
estufa

sòl
solo

llavor
semente

adob
fertilizante

collidora
ceifeira-debulhadora

granja - quinta

collir
colher

collita
colheita

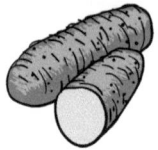

nyam
inhame

blat
trigo

soja
soja

patata
batata

blat de moro o d'indi
milho

colza
colza

arbre fruiter
árvore de fruto

mandioca
mandioca

cereals
cereais

casa

casa

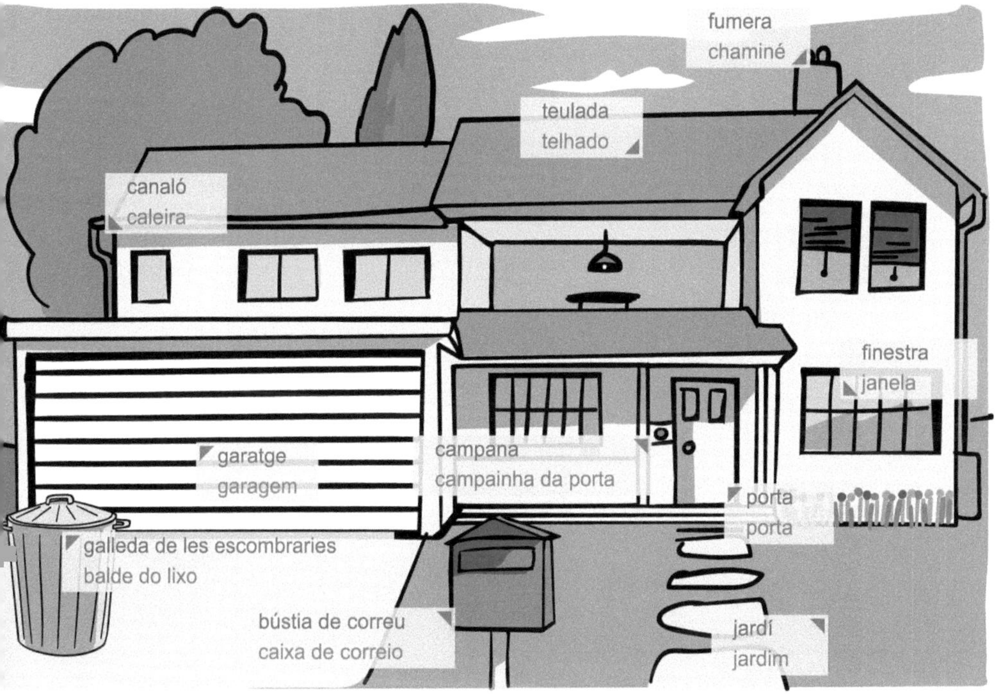
fumera
chaminé
teulada
telhado
canaló
caleira
finestra
janela
garatge
garagem
campana
campainha da porta
porta
porta
galleda de les escombraries
balde do lixo
bústia de correu
caixa de correio
jardí
jardim

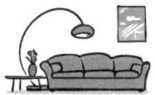

sala d'estar

sala de estar

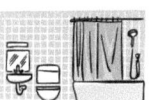

bany

casa de banho

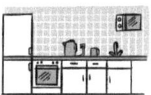

cuina

cozinha

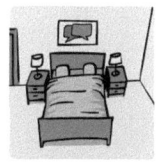

cambra de dormir

quarto de dormir

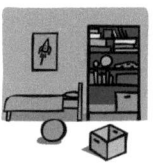

cambra de nen

quarto de criança

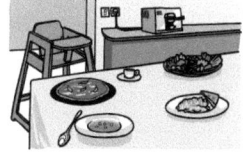

menjador

sala de jantar

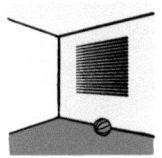

sòl
chão

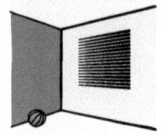

paret
parede

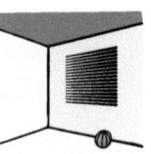

sostre
teto

soterrani
cave

sauna
sauna

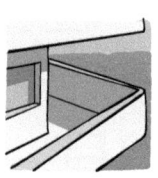

balcó
varanda

terrassa
terraço

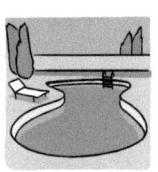

piscina
piscina

tallagespa
máquina de cortar relvado

vànova
lençol

cobrellit
cobertor

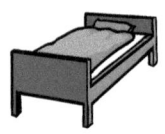

llit
cama

escombra
vassoura

galleda
balde

interruptor
interruptor

sala d'estar
sala de estar

paper de paret
papel de parede
quadre
imagem
làmpada
lâmpada
prestatge
prateleira
armari
armário
televisor
televisão
escalfapanxes
lareira
flor
flor
coixí
almofada
sofà
sofá
gerro
vaso
telecomanda
controlo remoto

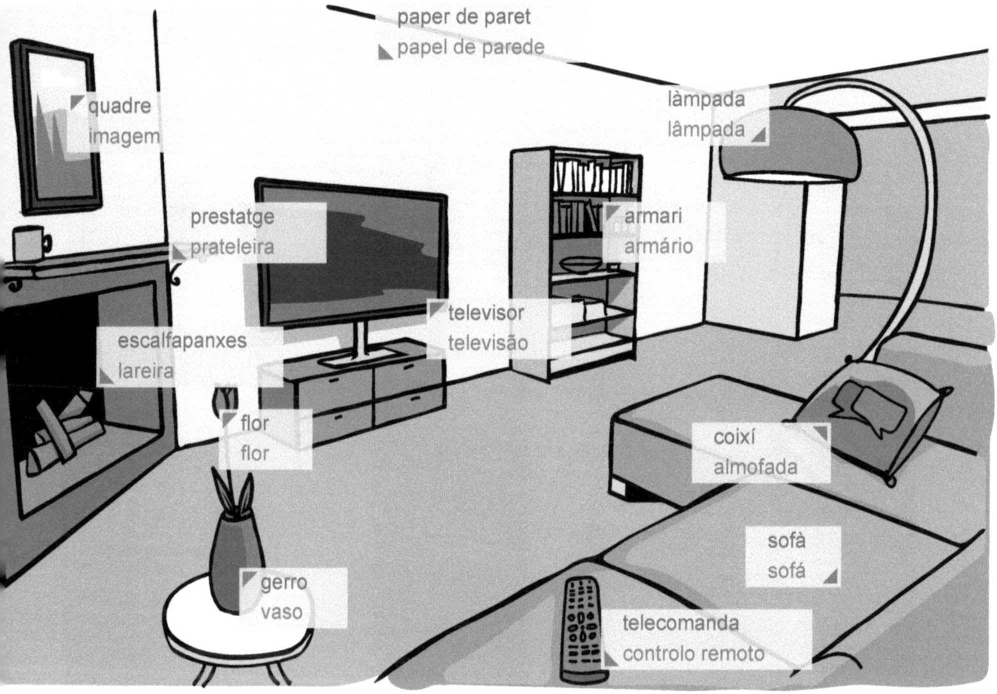

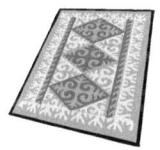

catifa

tapete

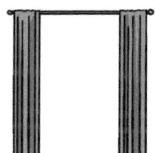

cortina

cortina

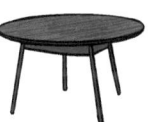

taula

mesa

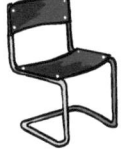

cadira

cadeira

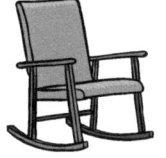

cadira gronxadora

cadeira de baloiço

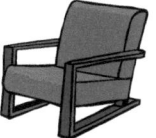

cadiral

poltrona

llibre
livro

llençol
cobertor

decoració
decoração

llenya
lenha

film
filme

cadena de música
sistema estéreo

clau
chave

diari
jornal

pintura
pintura

cartell
póster

ràdio
rádio

bloc de notes
bloco de notas

aspiradora
aspirador

cactus
cato

candela
vela

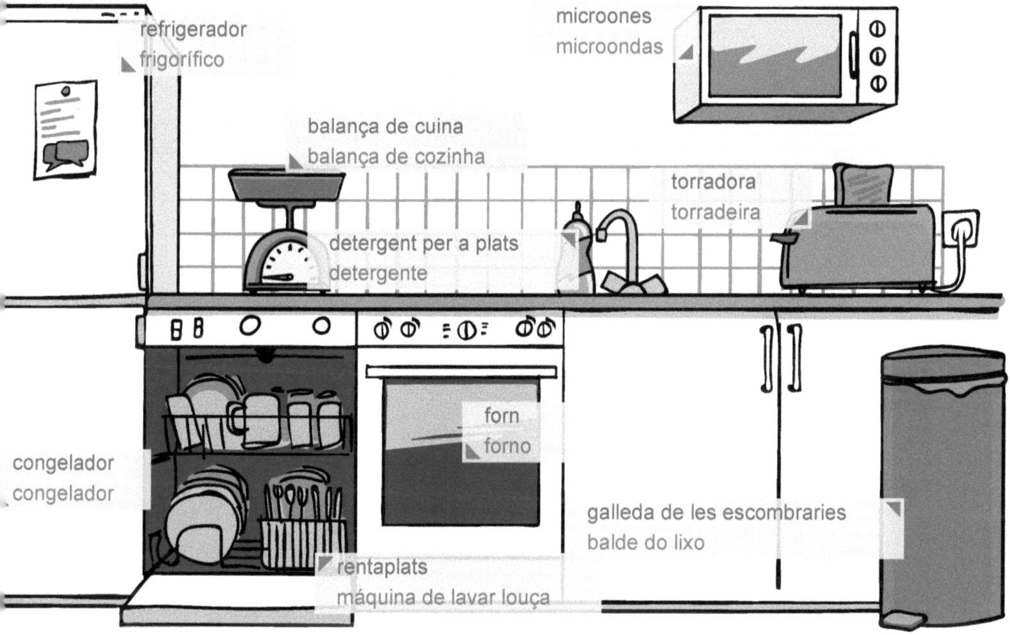

refrigerador
frigorífico

microones
microondas

balança de cuina
balança de cozinha

torradora
torradeira

detergent per a plats
detergente

forn
forno

congelador
congelador

galleda de les escombraries
balde do lixo

rentaplats
máquina de lavar louça

cuina de fogons

fogão

olla

panela

olla de ferro colat

panela de ferro

wok / karahi

wok / kadai

paella

frigideira

bullidor

chaleira

olla de vapor

panela a vapor

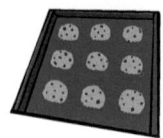

plata de forn

tabuleiro de forno

vaixella

louça

tassa grossa

caneca

bol

tigela

bastonets xinesos

pauzinhos

culler

concha de sopa

espàtula

espátula

batedor

batedor de claras

colador

escorredor

sedàs

peneira

ratllador

ralador

morter

almofariz

barbacoa

churrasqueira

foc a terra

lareira

taula de tallar

tábua de cortar

corró

rolo da massa

llevataps

saca-rolhas

pot de conserva

lata

obridor

abridor de latas

agafador

luvas de forno

aigüera

lava-loiça

raspall

escova

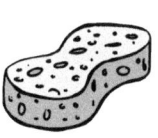

esponja

esponja

batedora

liquidificador

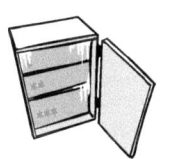

congelador

arca frigorífica

biberó

biberão

aixeta

torneira

bany
casa de banho

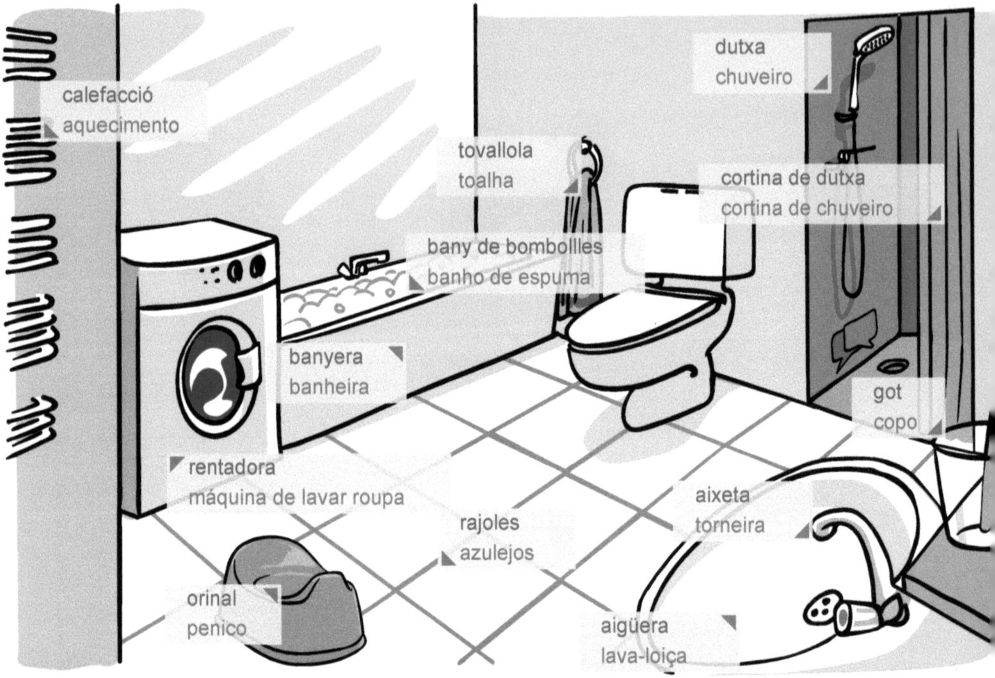
calefacció
aquecimento
dutxa
chuveiro
tovallola
toalha
cortina de dutxa
cortina de chuveiro
bany de bombollles
banho de espuma
banyera
banheira
got
copo
rentadora
máquina de lavar roupa
aixeta
torneira
rajoles
azulejos
orinal
penico
aigüera
lava-loiça

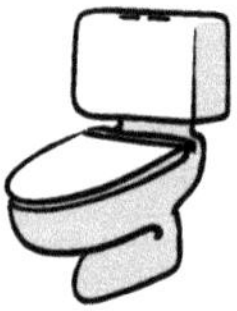

lavabo
sanita

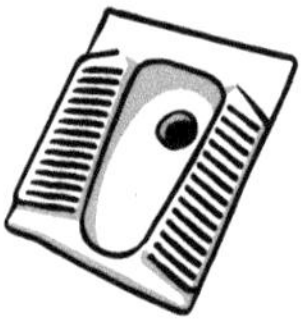

lavabo turc
retrete turca

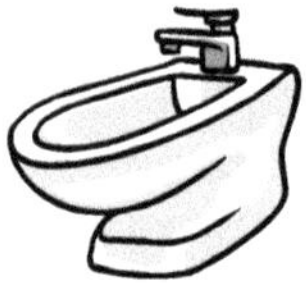

bidet
bidé

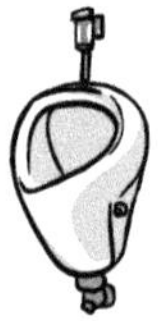

orinador
urinol

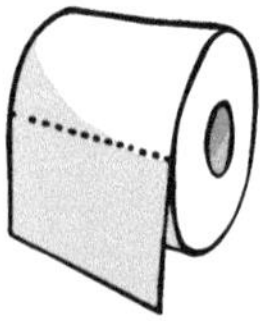

paper higiènic
papel higiénico

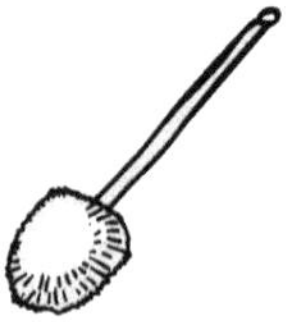

escombreta de sanitari
piaçaba

raspall de dents

escova de dentes

pasta de dents

pasta de dentes

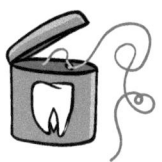

fil dental

fio dentário

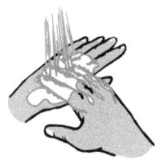

rentar

lavar

pom de dutxa

chuveiro de mão

dutxa íntima

duche íntimo

rentamans

bacia

raspall per a l'esquena

escova para as costas

sabó

sabonete

gel de dutxa

gel de banho

xampú

champô

manyopla de bany

toalha de rosto

bonera

escoamento

crema

creme

desodorant

desodorizante

mirall

espelho

mirall-espill de mà

espelho de mão

maquineta de rasar

máquina de barbear

espuma de barbejar

creme de barbear

loció post-rasada

loção pós-barba

pinta

pente

raspall

escova

eixugador

secador de cabelo

laca

spray de cabelo

maquillatge

maquilhagem

pintallavis

batom

esmalt d'ungles

verniz de unhas

cotó

algodão

tallaungles

tesoura para unhas

perfum

perfume

estoig de bellesa

nécessaire

tamboret

tamborete

bàscula

balança

barnús

roupão de banho

guants de goma

luvas de borracha

compresa higiènica

tampão

compresa

penso higiénico

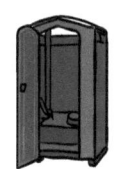

sanitari químic

WC químico

cambra de nen

quarto de criança

despertador
despertador
animal de peluix
peluche
auto de joguina
carro de brincar
sonall
chocalho
casa de nines
casa de bonecas
present
presente

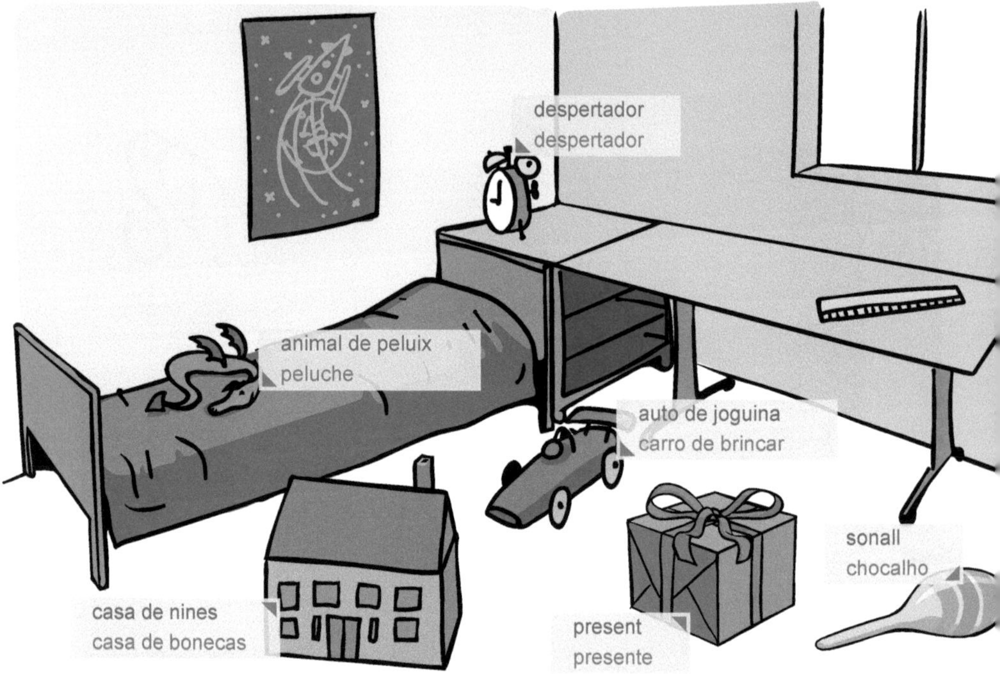

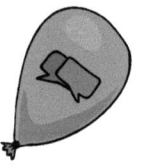

baló

balão

llit

cama

cotxet per a nens

carrinho de bebé

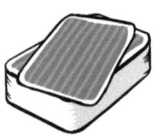

joc de cartes

jogo de cartas

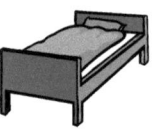

trencaclosca

quebra-cabeças

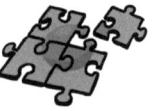

historieta

banda desenhada

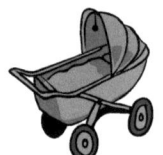

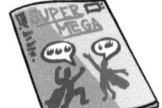

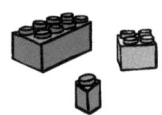

peces de lego

peças de Lego

peces de construcció

blocos de construção

ninot d'acció

figura de ação

granota

fato de bebé

frisbee

Frisbee

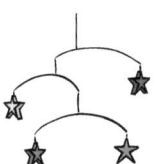

mòbil per a bressol

móbile para bebé

joc de taula

jogo de tabuleiro

daus

dados

tren elèctric

pista de comboio elétrico

xumet

chupeta

festa

festa

llibre de dibuixos

livro ilustrado

pilota

bola

nina

boneca

jugar

jogar

sorrera
caixa de areia

gronxador
baloiço

joguines
brinquedos

consola de jocs de vídeo
consola de jogos

tricicle
triciclo

osset de peluix
ursinho de peluche

armari
guarda-roupa

roba

vestuário

mitjons
meias

mitges
meias pelo joelho

mitja pantaló
meias-calças

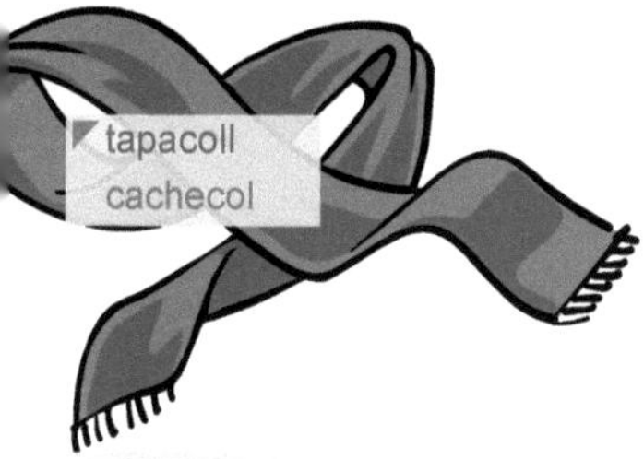

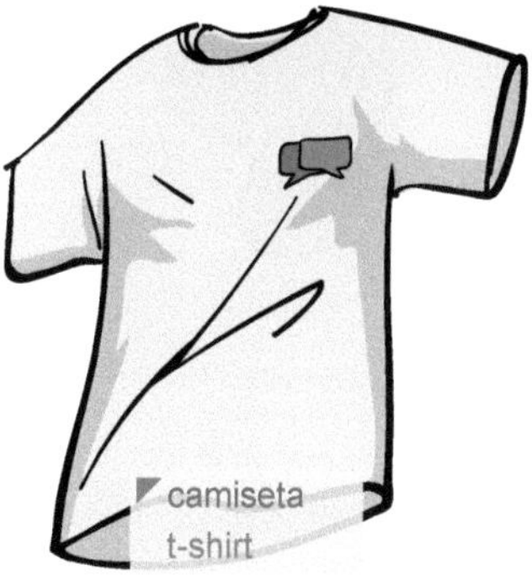

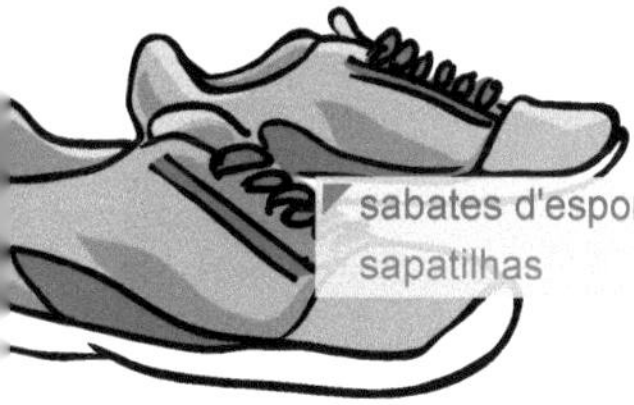

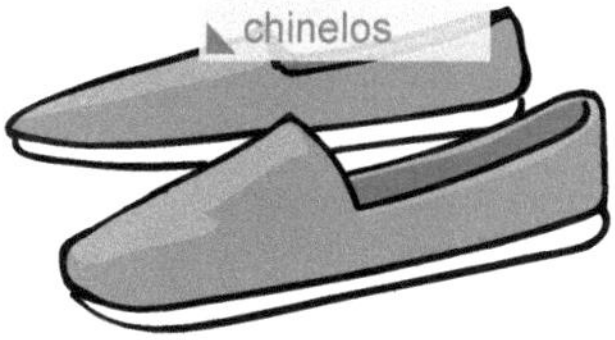

tapacoll
cachecol

cintura
cinto

paraigua
guarda-chuva

camiseta
t-shirt

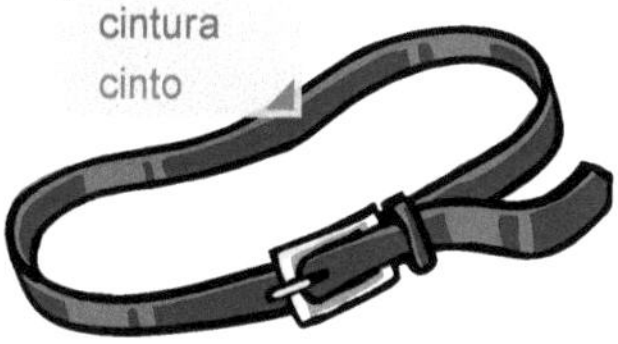

botes
botas

plantofes
chinelos

sabates d'esport
sapatilhas

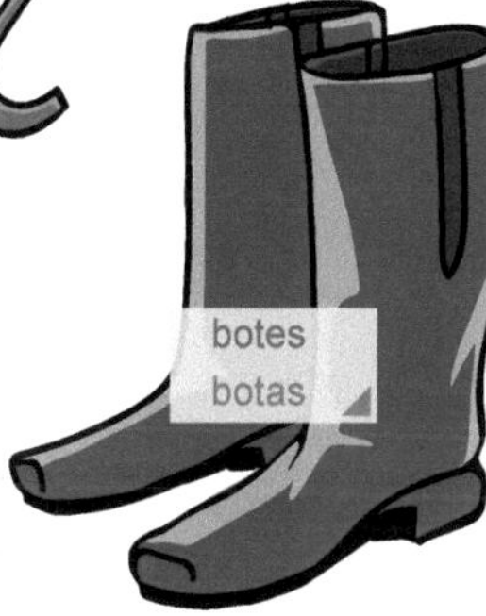

sandàlies
....
sandálias

sabates
....
sapatos

botes de goma
....
botas de borracha

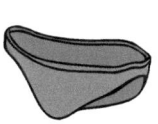
calçonets
....
cuecas

sostenidor
....
sutiã

guardapits
....
camisola interior

jjustacòs

body

pantalons

calças

jeans

calças de ganga

faldeta

saia

brusa

blusa

camisa

camisa

jersei

pulôver

dessuadora

camisola com capuz

blazer

blazer

jaqueta

casaco

mantell

manto

impermeable

gabardina

vestit de dona

traje

vestit de dona

vestido

vestit de núvia

vestido de casamento

vestit d'home
fato

camisa de dormir
camisa de dormir

pijama
pijama

sari
sari

mocador de cap
lenço de cabeça

turbant
turbante

burca
burca

caftan
cafetã

abaia
abaya

vestit de bany
fato de banho

calçon(et)s de bany
calções de banho

pantalons curts
calções

xandall
fato de treino

davantal
avental

guants
luvas

botó
botão

ulleres
óculos

braçalet
pulseira

collaret
colar

anell
anel

orellera
brinco

casquet
boné

penjador
cabide

capell
chapéu

corbata
gravata

cremallera
fecho de correr

casc
capacete

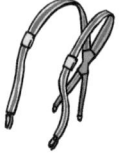

elàstics
suspensórios

uniforme escolar
uniforme escolar

uniforme
uniforme

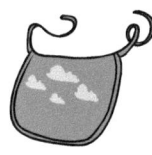

pitet

babete

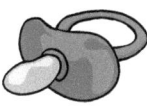

xumet

chupeta

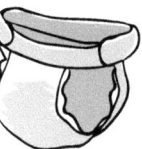

bolquer

fralda

oficina

escritório

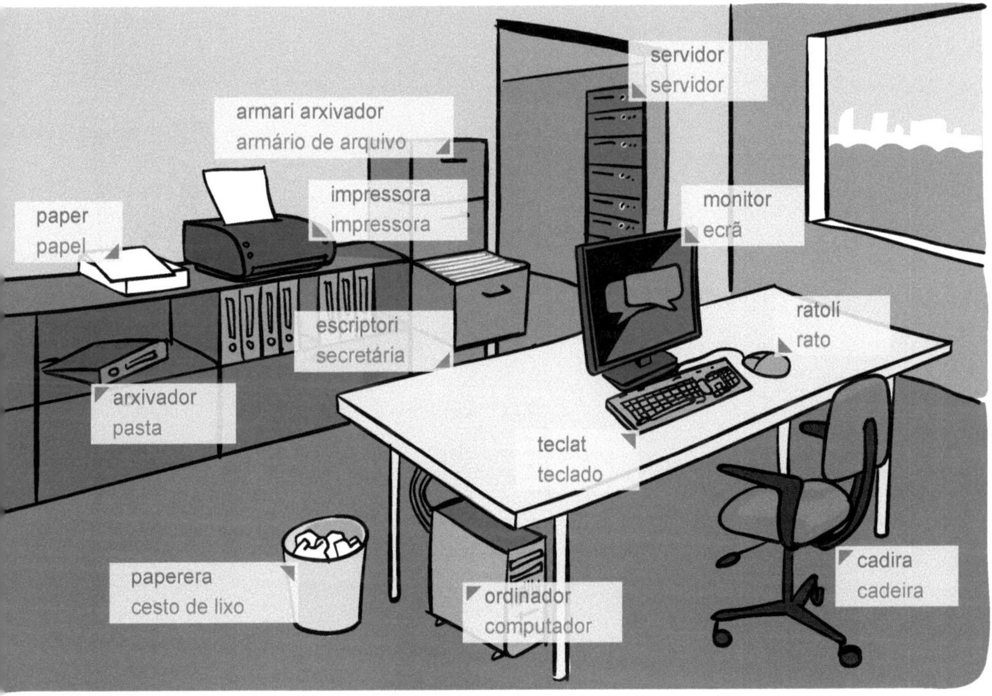

servidor
servidor
armari arxivador
armário de arquivo
impressora
impressora
paper
papel
monitor
ecrã
ratolí
rato
escriptori
secretária
arxivador
pasta
teclat
teclado
paperera
cesto de lixo
ordinador
computador
cadira
cadeira

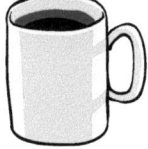

tassa de cafè

caneca de café

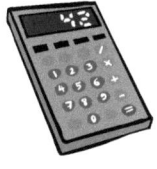

calculadora

calculadora

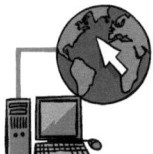

Internet

internet

ordinador portàtil

computador portátil

lletra

carta

missatge

mensagem

mòbil

telemóvel

xarxa

rede

fotocopiadora

fotocopiadora

programari

software

telèfon

telefone

presa de corrent

tomada elétrica

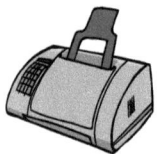

fax

fax

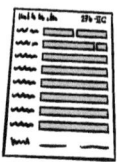

formulari

formulário

document

documento

comprar

comprar

pagar

pagar

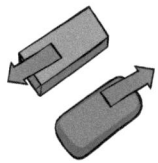

comerciar

negociar

diners

dinheiro

USD

dòlar

dólar

EUR

euro

euro

JPY

ien

yen

RUB

ruble

rublo

CHF

franc suís

franco suíço

CNY

renminbi

renminbi yuan

INR

rupia

rupia

caixa automàtica

caixa de multibanco

oficina de canvi

casa de câmbio

or

ouro

argent

prata

petroli

petróleo

energia

energia

preu

preço

contracte

contrato

impost

imposto

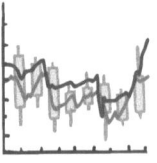

acció

ação

treballar

trabalhar

treballador

empregado

empresari

entidade patronal

fàbrica

fábrica

botiga

loja

oficis
profissões

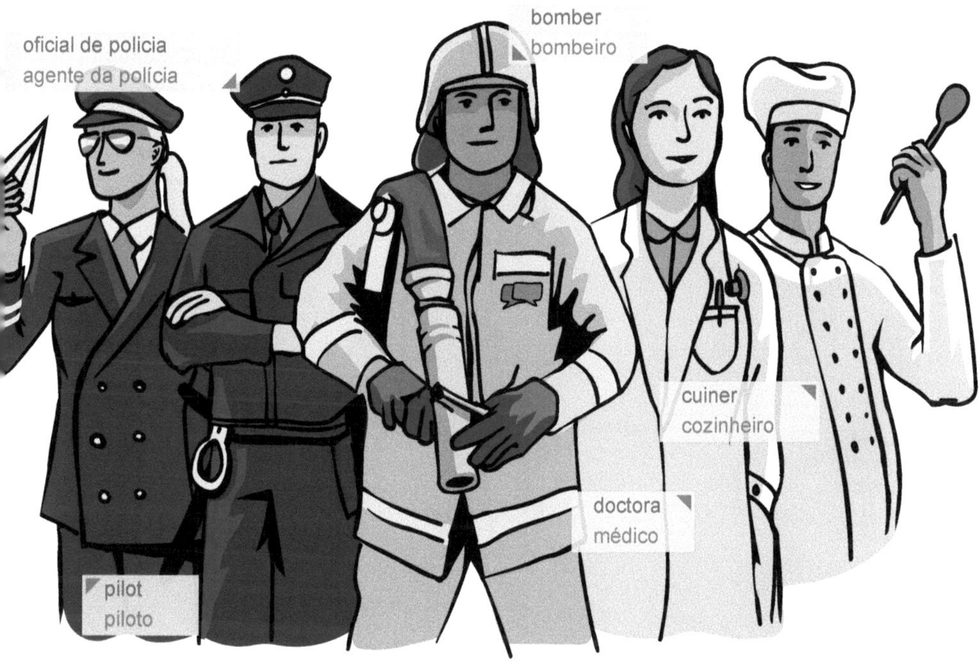

oficial de policia
agente da polícia
bomber
bombeiro
cuiner
cozinheiro
doctora
médico
pilot
piloto

jardiner

jardineiro

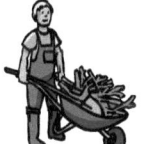

fuster

carpinteiro

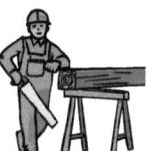

costurera

costureira

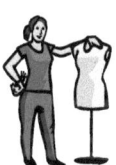

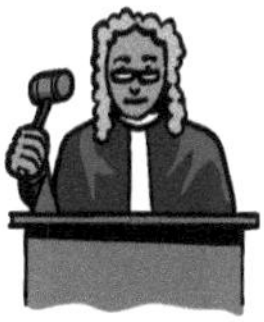

jutge

juiz

química

químico

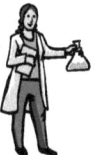

actor

ator

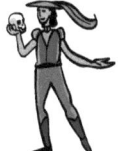

conductor d'autobús

motorista de autocarro

taxista

motorista de táxi

pescador

pescador

dona de la neteja

empregada de limpeza

ensostrador

telhador

cambrer

empregado de mesa

caçador

caçador

pintor

pintor

forner

padeiro

electricista

eletricista

obrer de la construcció

construtor

enginyer

engenheiro

carnisser

talhante

llanterner

canalizador

correu

carteiro

soldat

soldado

arquitecte

arquiteto

caixera

caixa

florista

florista

perruquer

cabeleireiro

revisor

controlador de bilhetes

mecànic

mecânico

capità

capitão

dentista

dentista

científic

cientista

rabí

rabino

imam

imã

monjo

monge

capellà

pastor

eines
ferramentas

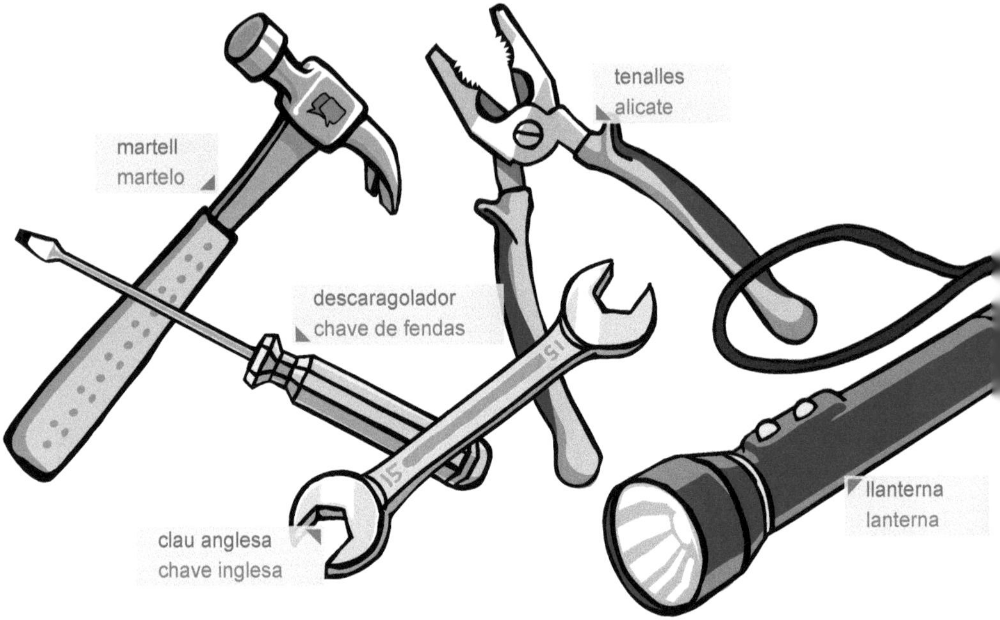

martell
martelo
tenalles
alicate
descaragolador
chave de fendas
clau anglesa
chave inglesa
llanterna
lanterna

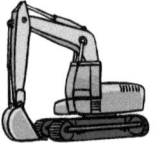

excavadora

escavadora

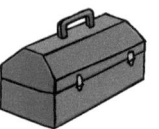

caixa d'eines

caixa de ferramentas

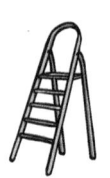

escala

escadote

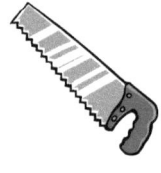

serra

serra

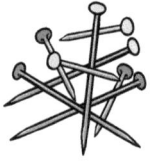

claus

pregos

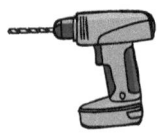

trepant

broca

reparar
reparar

pala
pá

Maleït siga!
porcaria!

pala
pá de lixo

pot de pintura
pote de tinta

caragols
parafusos

instrument de música
instruments musicals
instrumentos musicais

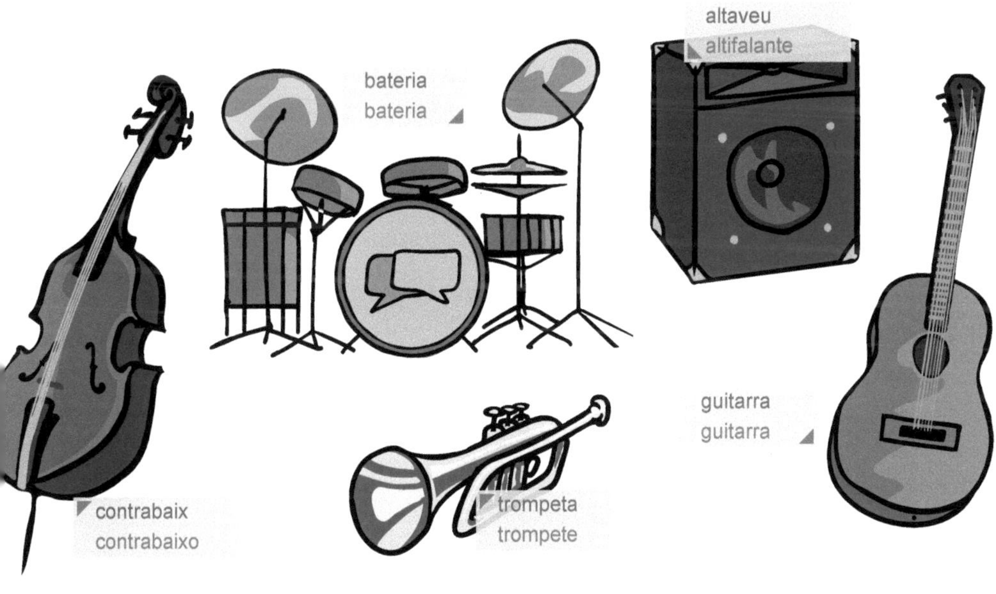

bateria
bateria

altaveu
altifalante

guitarra
guitarra

contrabaix
contrabaixo

trompeta
trompete

piano
....
piano

violí
....
violino

baix
....
baixo

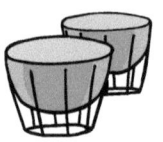

timbal
....
timbales

tambor
....
tambor

teclat
....
teclado

saxofon
....
saxofone

flauta
....
flauta

micròfon
....
microfone

entrada
entrada

tigre
tigre

gàbia
gaiola

zebra
zebra

aliment per a animals
ração animal

ós panda
panda

animals
animais

elefant
elefante

cangurú
canguru

rinoceront
rinoceronte

goril·la
gorila

ós
urso

camell
camelo

estruç
avestruz

lleó
leão

simi
macaco

flamenc
flamingo

papagai
papagaio

ós polar
urso polar

pingüí
pinguim

ca mari
tubarão

paó
pavão

serp
cobra

cocodril
crocodilo

guardià del zoo
guarda do jardim zoológico

foca
foca

jaguar
jaguar

poni
pónei

lleopard
leopardo

hipopòtam
hipopótamo

girafa
girafa

àliga
águia

senglar
javali

peix
peixe

tortuga
tartaruga

morsa
morsa

guineu
raposa

gasela
gazela

futbol americà
futebol americano

ciclisme
ciclismo

tenis
ténis

bàsquet
basquetebol

natació
natação

boxa
boxe

hoquei sobre gel
hóquei no gelo

futbol americà	bàdminton	atletisme
futebol	badminton	atletismo
handbol	esquí	polo
andebol	esqui	polo

esports - desporto

activitats
atividades

riure
rir
saltar
saltar
abraçar
abraçar
anar
andar
cantar
cantar
somiar
sonhar
pregar
rezar
fer un petó
beijar

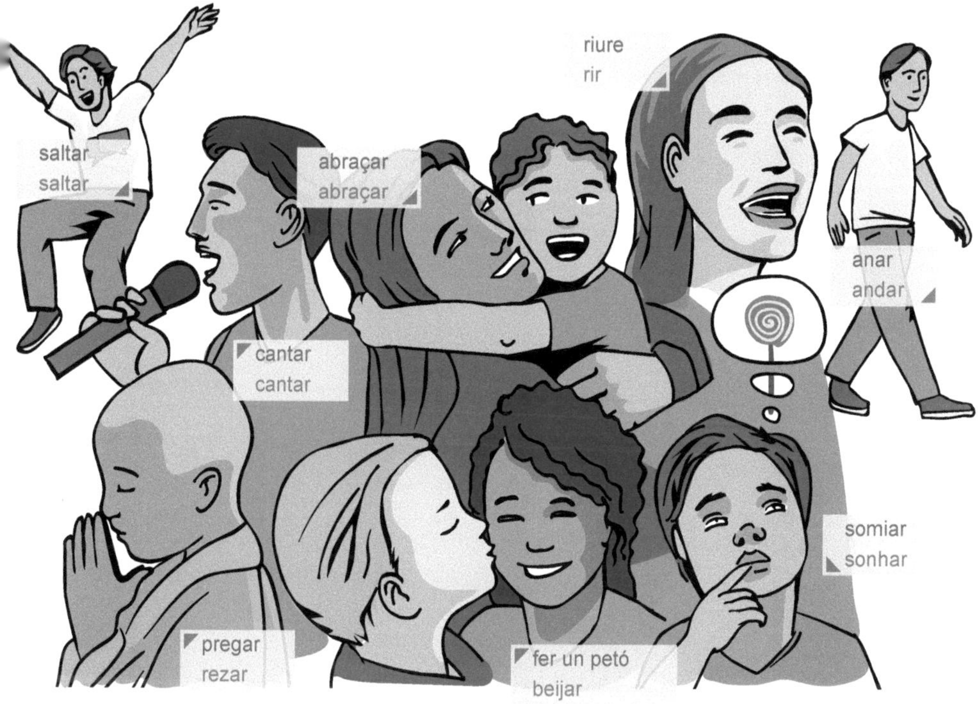

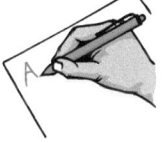

escriure

escrever

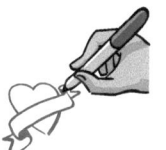

dibuixar

desenhar

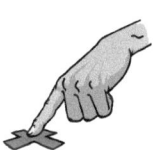

mostrar

mostrar

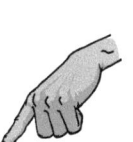

pitjar

empurrar

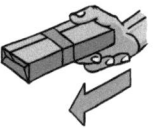

donar

dar

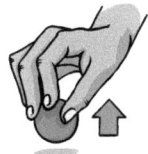

prendre

tomar

tenir

ter

fer

fazer

ésser

ser

estar dret

ficar de pé

córrer

correr

estirar

puxar

llançar

remessar

caure

cair

jeure

deitar

esperar

esperar

portar

carregar

asseure's

sentar

vestir-se

vestir

dormir

dormir

despertar-se

acordar

mirar

olhar para

plorar

chorar

amoixar

acariciar

pentinar

pentear

parlar

falar

comprendre

compreender

demanar

perguntar

escoltar

ouvir

beure

beber

menjar

comer

endreçar

arrumar

estimar

amar

cuinar

cozinhar

conduir

conduzir

volar

voar

activitats - atividades

navegar
velejar

calcular
calcular

llegir
ler

aprendre
aprender

treballar
trabalhar

casar-se
casar

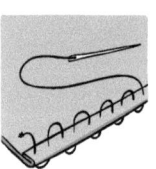

cosir
costurar

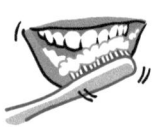

raspallar-se les dents
escovar os dentes

matar
matar

fumar
fumar

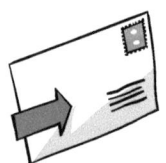

enviar
enviar

família
família

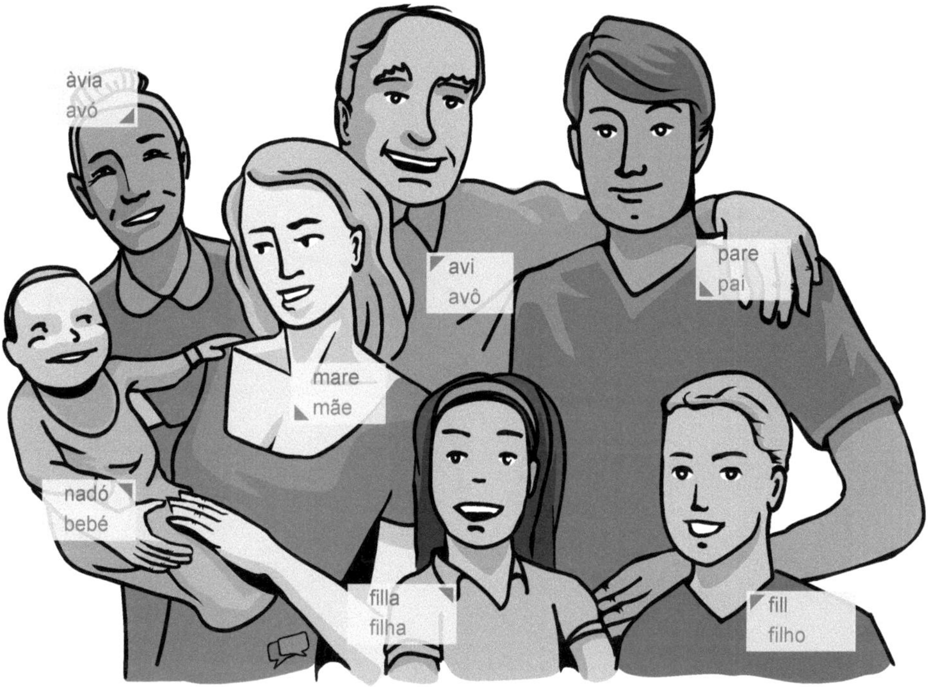

àvia
avó
avi
avô
pare
pai
mare
mãe
nadó
bebé
filla
filha
fill
filho

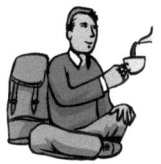

convidat

convidado

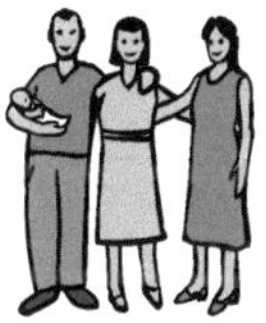

tia

tia

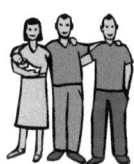

oncle

tio

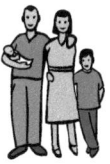

germà

irmão

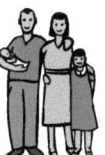

germana

irmã

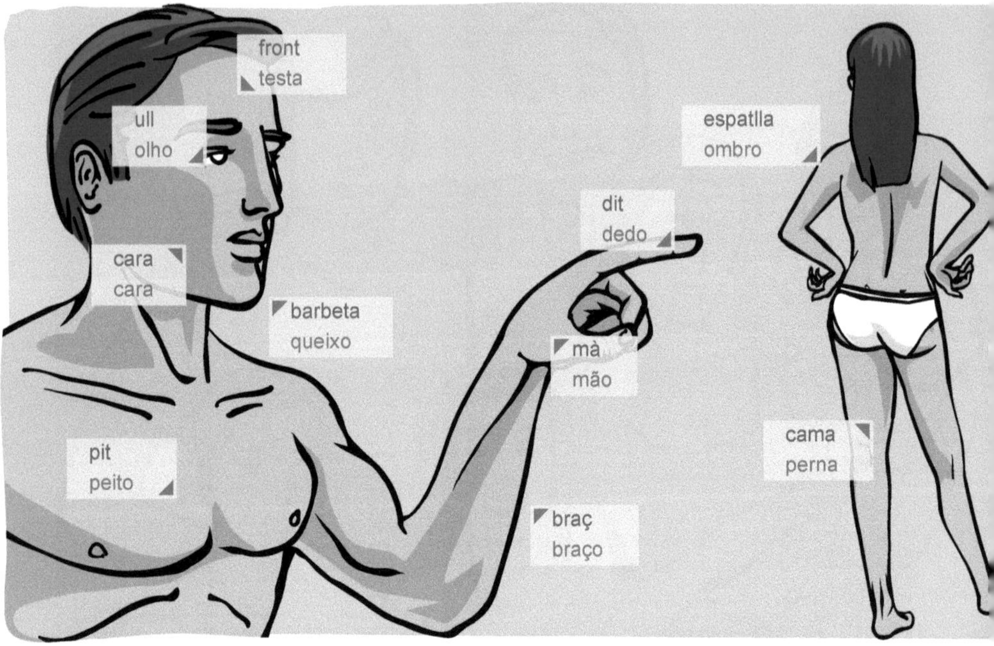

front
testa

ull
olho

espatlla
ombro

dit
dedo

cara
cara

barbeta
queixo

mà
mão

pit
peito

cama
perna

braç
braço

nadó

bebé

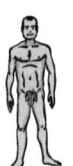

home

homem

dona

mulher

noia

menina

noi

menino

cap

cabeça

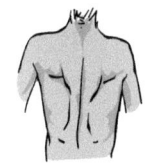

esquena
costas

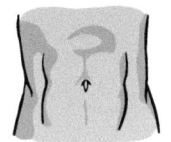

panxa
barriga

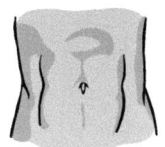

melic
umbigo

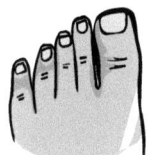

dit gros del peu
dedo do pé

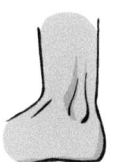

taló
calcanhar

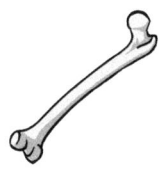

os
osso

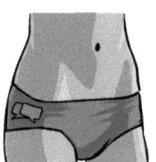

maluc
anca

genoll
joelho

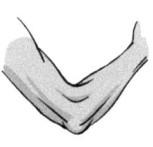

colze
cotovelo

nas
nariz

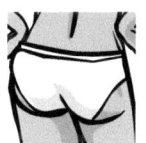

cul
nádegas

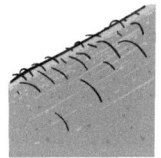

pell
pele

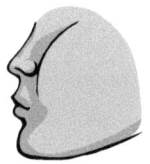

galta
bochecha

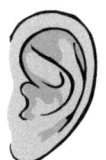

orella
orelha

llavi
lábio

	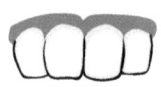	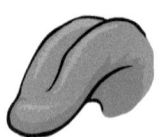
boca boca	dent dente	llengua língua
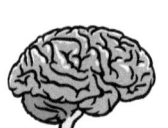	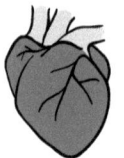	
cervell cérebro	cor coração	múscul músculo
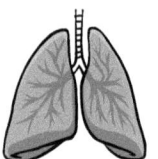		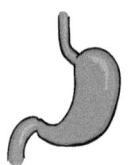
pulmó pulmão	fetge fígado	estómac estômago
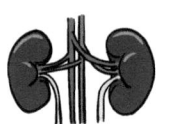		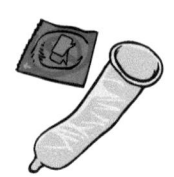
ronyó rins	relació sexual relações sexuais	preservatiu preservativo
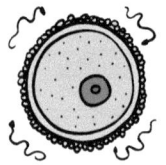		
ovari óvulo	semen esperma	prenyat gravidez

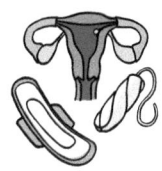

menstruació
menstruação

vagina
vagina

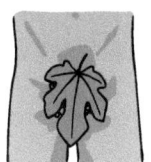

penis
pénis

cella
sobrancelha

cabells
cabelo

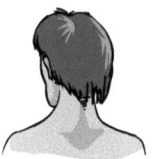

coll
pescoço

hospital
hospital

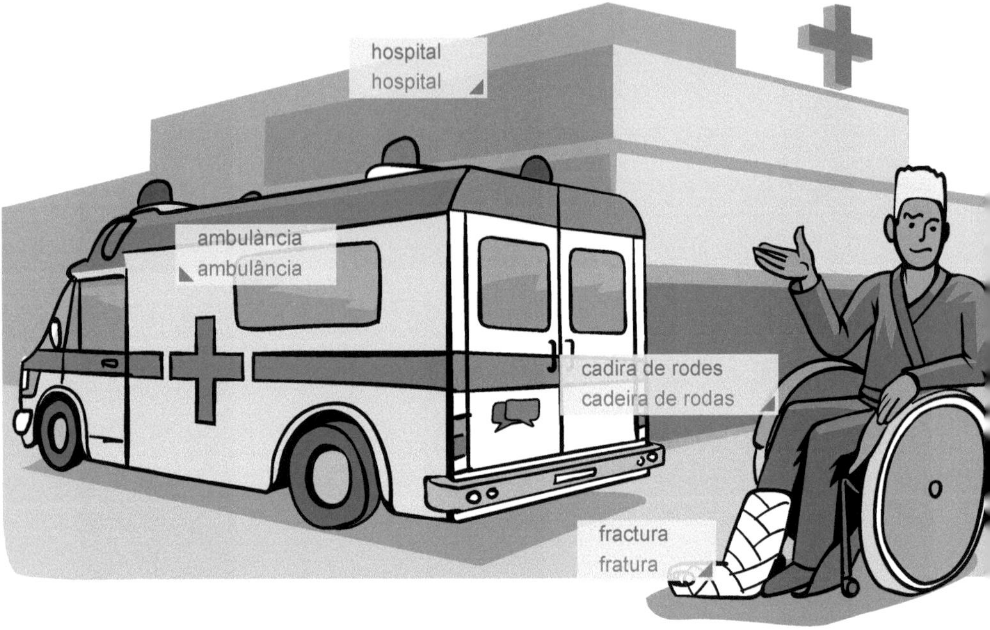

hospital
hospital
ambulància
ambulância
cadira de rodes
cadeira de rodas
fractura
fratura

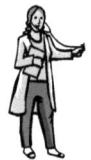

doctora
médico

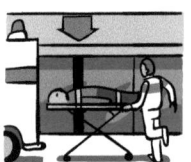

sala d'urgències
serviço de urgências

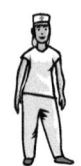

infermera
enfermeira

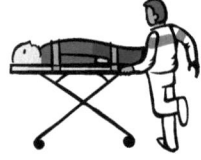

urgència
emergência

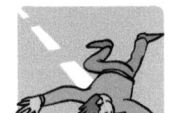

inconscient
inconsciente

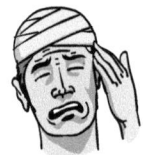

dolor
dor

ferida
ferimento

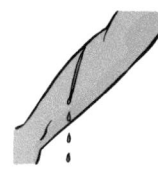

sagnament
hemorragia

atac de cor
ataque cardíaco

apoplexia
cidente vascular cerebral

al·lèrgia
alergia

tos
tosse

febre
febre

gripa
gripe

diarrea
diarreia

mal de cap
dor de cabeça

càncer
cancro

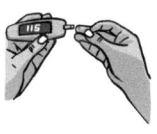

diabetis
diabetes

cirurgià
cirurgião

escalpel
bisturi

operació
operação

tomografia computada (TC), TAC
CT

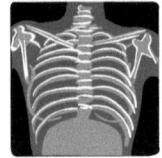

raigs x
raio x

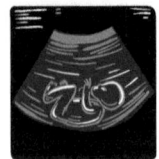

ultrasò
ultrassom

mascareta
máscara

malaltia
doença

sala d'espera
sala de espera

crossa
muleta

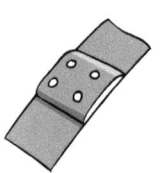

tireta
penso rápido

embenat
ligadura

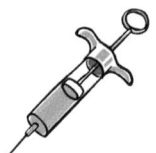

injecció
injeção

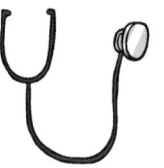

estetoscopi
estetoscópio

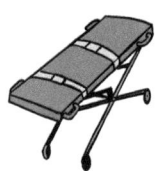

llitera
maca

termòmetre clínic
termómetro

pariment
nascimento

sobrepès
excesso de peso

aparell auditiu

aparelho auditivo

desinfectant

desinfetante

infecció

infeção

virus

vírus

VIH / SIDA

HIV / SIDA

medicina

medicamento

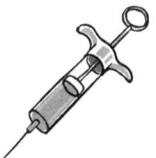

vaccí

vacinação

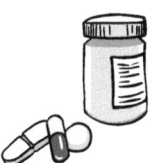

comprimits

comprimidos

píl·lola

pílula

trucada d'urgència

hamada de emergência

tensiòmetre

dispositivo de medição de
pressão arterial

malalt / sà

doente / saudável

Socors!
Socorro!

alarma
alarme

assalt
assalto

atac
ataque

perill
perigo

sortida-eixida d'urgència
saída de emergência

Foc!
Fogo!

extintor
extintor de incêndios

accident
acidente

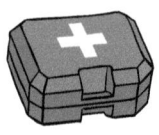

farmaciola de primers
auxilis
estojo de primeiros socorros

SOS
SOS

policia
polícia

Europa

Europa

Amèrica del Nord

América do Norte

Amèrica del Sud

América do Sul

Àfrica

África

Àsia

Ásia

Austràlia

Austrália

Atlàntic

Atlântico

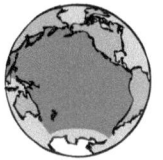

Pacífic

Pacífico

Oceà Índic

Oceano Índico

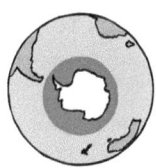

Oceà Antàrtic

Oceano Antártico

Oceà Àrtic

Oceano Ártico

pol nord

Polo Norte

pol sud

Polo Sul

Antàrtida

Antártica

terra

terra

país

país

mar

mar

illa

ilha

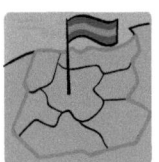

nació

nação

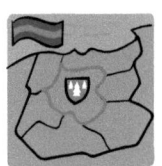

estat

estado

quadrant
mostrador do relógio

agulla de les hores
ponteiro das horas

agulla dels minuts
ponteiro dos minutos

agulla dels segons
ponteiro dos segundos

Quina hora és?
Que horas são?

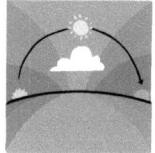

dia
dia

temps
tempo

ara
agora

rellotge digital
relógio digital

minut
minuto

hora
hora

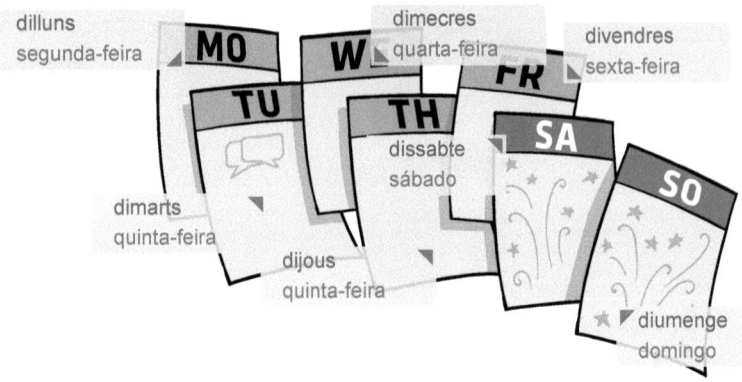

dilluns
segunda-feira

dimecres
quarta-feira

divendres
sexta-feira

dissabte
sábado

dimarts
quinta-feira

dijous
quinta-feira

diumenge
domingo

ahir

ontem

avui

hoje

demà

amanhã

matí

manhã

migdia

meio-dia

tarda

entardecer

MO	TU	WE	TH	FR	SA	SU
1	2	3	4	5	6	7
8	9	10	11	12	13	14
15	16	17	18	19	20	21
22	23	24	25	26	27	28
29	30	31	1	2	3	4

dia feiner

dies útils

MO	TU	WE	TH	FR	SA	SU
1	2	3	4	5	6	7
8	9	10	11	12	13	14
15	16	17	18	19	20	21
22	23	24	25	26	27	28
29	30	31	1	2	3	4

cap de setmana

fim de semana

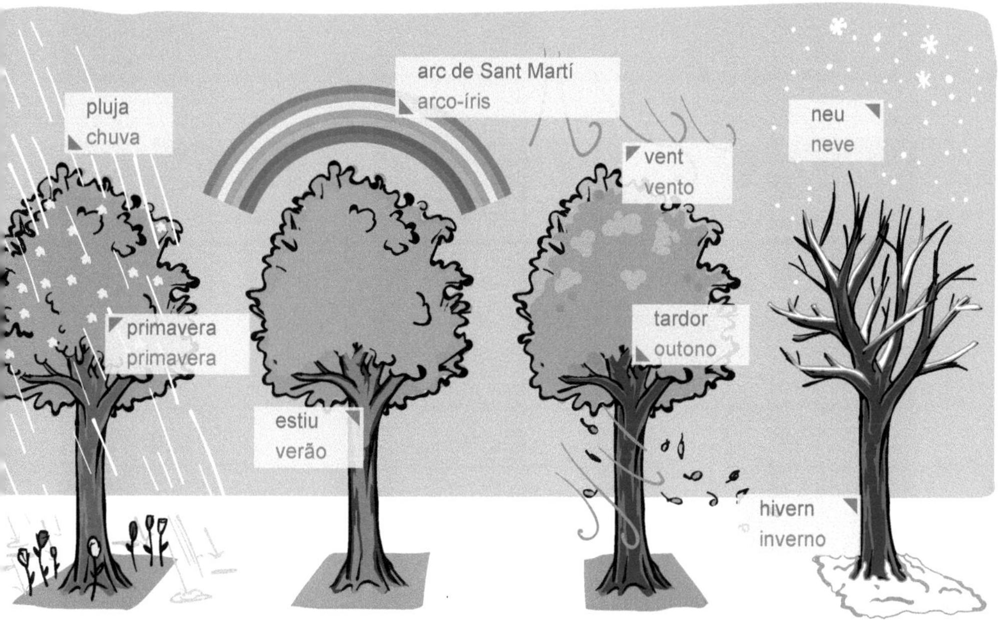

pluja
chuva
arc de Sant Martí
arco-íris
neu
neve
vent
vento
primavera
primavera
tardor
outono
estiu
verão
hivern
inverno

4.APRIL 11°
5.APRIL 4°
6.APRIL 13°
7.APRIL 8°
8.APRIL 10°

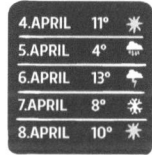

pronòstic del temps

previsão do tempo

F C
120 40
90 30
60 20
30 10
0 0
-30 -10
-20

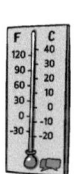

termòmetre

termómetro

llum del sol

raios de sol

núvol

nuvem

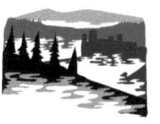

boira

neblina / nevoeiro

humiditat de l'aire

humidade do ar

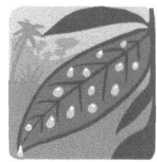

llamp

relâmpago

tro

trovão

tempesta

tempestade

calamarsa

granizo

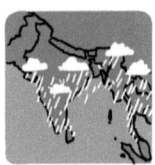

monsó

monção

inundació

inundação

gel

gelo

gener

janeiro

febrer

fevereiro

març

março

abril

abril

maig

maio

juny

junho

juliol

julho

agost

agosto

any - ano

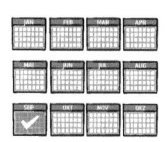

setembre

setembro

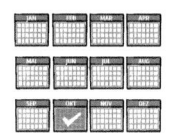

octubre

outubro

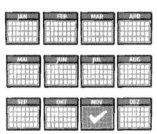

novembre

novembro

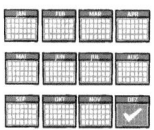

desembre

dezembro

formes

formas

cercle

círculo

quadrat

quadrado

rectangle

retângulo

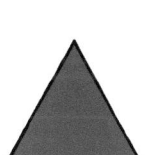

triangle

triângulo

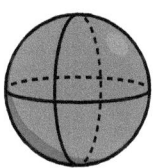

esfera

esfera

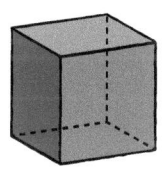

cub

cubo

blanc

branco

groc

amarelo

taronja

laranja

rosa

rosa

vermell

vermelho

lila

lilás

blau

azul

verd

verde

marró

castanho

gris

cinzento

negre

preto

molt / poc

muito / pouco

emprenyat / tranquil

furioso / calmo

bonic / lleig

lindo / feio

començament / fi

princípio / fim

gran / petit

grande / pequeno

clar / fosc

claro / escuro

germà / germana

irmão / irmã

net / brut

limpo / sujo

complet / incomplet

completo / incompleto

dia / nit

dia / noite

mort / viu

morto / vivo

ample / estret

largo / estreito

comestible / immenjable

comestível / não comestível

dolent / amable

mau / gentil

entusiasmat / entediat

entusiasmado / entediado

gros / prim

gordo / magro

primer / darrer

primeiro / último

amic / enemic

amigo / inimigo

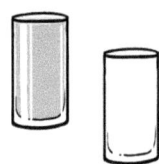

ple / buit

cheio / vazio

dur / tou

duro / macio

pesant / lleuger

pesado / leve

gana / set

fome / sede

malalt / sà

doente / saudável

il·legal / legal

ilegal / legal

intel·ligent / ximple

inteligente / burro

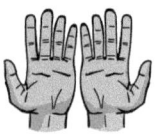

esquerra / dreta

esquerda / direita

prop / llunyà

perto / longe

nou / usat

novo / usado

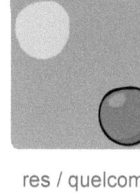

res / quelcom

nada / algo

vell / jove

velho / jovem

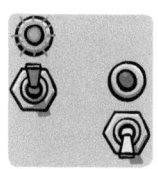

encès / apagat

ligado / desligado

obert / tancat

aberto / fechado

silenciós / sorollós

baixo / alto

ric / pobre

rico / pobre

correcte / incorrecte

certo / errado

aspre / suau

áspero / liso

trist / content

triste / feliz

curt / llarg

curto / longo

lent / ràpid

lento / rápido

humit / sec - eixut

molhado / seco

calent / fred

ameno / fresco

guerra / pau

guerra / paz

oposats - opostos

0

zero

zero

1

u

um

2

dos

dois

3

tres

três

4

quatre

quatro

5

cinc

cinco

6

sis

seis

7

set

sete

8

vuit

oito

9

nou

nove

10

deu

dez

11

onze

onze

12

dotze

doze

13

tretze

treze

14

catorze

catorze

15

quinze

quinze

16

setze

dezasseis

17

disset

dezassete

18

divuit

dezoito

19

dinou

dezanove

20

vint

vinte

100

cent

cem

1.000

mil

mil

1.000.000

milió

milhão

llengües
idiomas

anglès

inglês

anglès americà

inglês americano

xinès mandarí

chinês mandarim

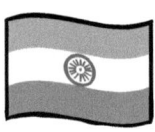

hindi

hindi

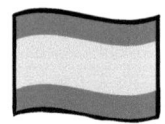

espanyol

espanhol

francès

francês

àrab

árabe

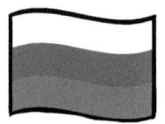

rus

russo

portuguès

português

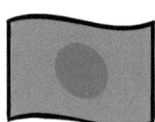

bengalí

bengalês

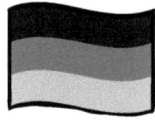

alemany

alemão

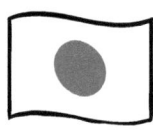

japonès

japonês

jo

eu

tu

tu

ell / ella / allò

ele / ela

nosaltres

nós

vosaltres

vós

ells

eles / elas

qui?

quem?

què?

o quê?

com?

como?

on?

onde?

quan?

quando?

nom

nome

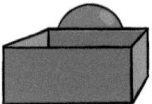

darrere
....
atrás

en
....
em

davant de
....
à frente de

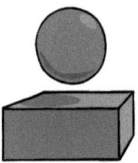

damunt
....
sobre

sobre
....
em cima

sota
....
debaixo

al costat
....
ao lado

entre
....
entre

lloc
....
lugar